SHAPES & COLORS
Coloring and Activity Book for Young Children

COLOR AND LEARN!

BULGARIAN

ROAN WHITE & DUY

COLOR

ЦВЯТ

RED

ЧЕРВЕН

ПОЖАРНАТА КОЛА Е ЧЕРВЕНА.

2

BLUE
СИН
НЕБЕТО Е СИНЬО.

3

YELLOW

ЖЪЛТ

СЛЪНЦЕТО Е ЖЪЛТО.

GREEN

ЗЕЛЕН

ЛИСТАТА СА ЗЕЛЕНИ.

5

ORANGE

ОРАНЖЕВ

ПОРТОКАЛИТЕ СА ОРАНЖЕВИ.

PURPLE

ЛИЛАВ

ГРОЗДЕТО Е ЛИЛАВО.

WHITE
БЯЛ
СНЕЖНИЯТ ЧОВЕК Е БЯЛ.

BLACK

ЧЕРЕН

НОЩНОТО НЕБЕ Е ЧЕРНО.

BROWN

КАФЯВ

ПРЪСТА Е КАФЯВА.

10

PINK

РОЗОВ

РОЗИТЕ СА РОЗОВИ.

11

GRAY
СИВ
ЗАЕКЪТ Е СИВ.

12

SHAPES

ФОРМИ

TRIANGLE

ТРИЪГЪЛНИК

МОЖЕШ ЛИ ДА ОТКРИЕШ ВСИЧКИ ТРИЪГЪЛНИЦИ?

CIRCLE

КРЪГ

16

МОЖЕШ ЛИ ДА ОТКРИЕШ ВСИЧКИ КРЪГОВЕ?

SQUARE

КВАДРАТ

18

МОЖЕШ ЛИ ДА ОТКРИЕШ ВСИЧКИ КВАДРАТИ?

19

RECTANGLE

ПРАВОЪГЪЛНИК

МОЖЕШ ЛИ ДА ОТКРИЕШ ВСИЧКИ ПРАВОЪГЪЛНИЦИ?

21

RHOMBUS

РОМБ

22

МОЖЕШ ЛИ ДА ОТКРИЕШ ВСИЧКИ РОМБОВЕ?

PARALLELOGRAM
УСПОРЕДНИК

МОЖЕШ ЛИ ДА ОТКРИЕШ ВСИЧКИ УСПОРЕДНИЦИ?

25

TRAPEZOID

ТРАПЕЦ

26

DIAMOND
РОМБОВИДНА ФОРМА

МОЖЕШ ЛИ ДА ОТКРИЕШ ВСИЧКИ РОМБОВИДНИ ФОРМИ?

29

PENTAGON

ПЕТОЪГЪЛНИК

30

МОЖЕШ ЛИ ДА ОТКРИЕШ ВСИЧКИ ПЕТОЪГЪЛНИЦИ?

HEXAGON

ШЕСТОЪГЪЛНИК

32

МОЖЕШ ЛИ ДА ОТКРИЕШ ВСИЧКИ ШЕСТОЪГЪЛНИЦИ?

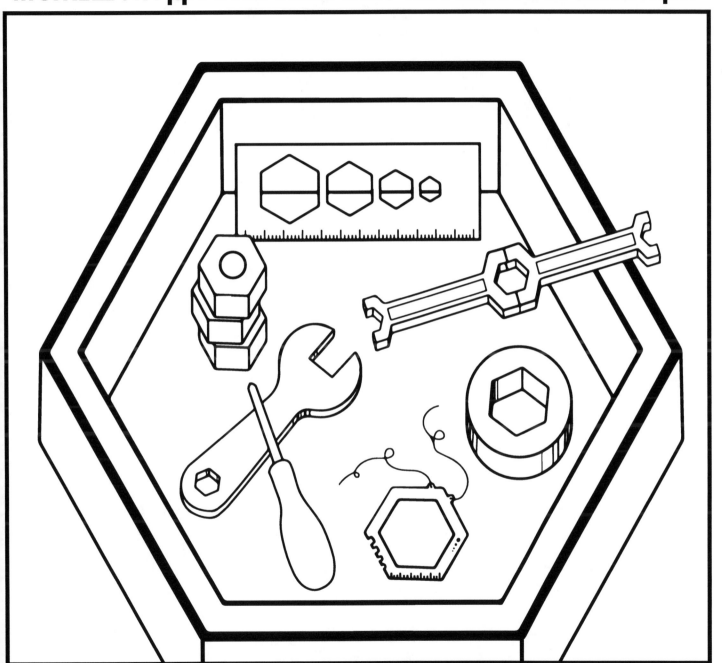

OCTAGON

ОСМОЪГЪЛНИК

34

МОЖЕШ ЛИ ДА ОТКРИЕШ ВСИЧКИ ОСМОЪГЪЛНИЦИ?

Made in the USA
Las Vegas, NV
20 November 2023

81205590R00022